Christiane Weise

Zittauische Rosen, welche bei dem Heldengrabe des Kurfürstens zu Sachsen Herrn Johann Georgen des Dritten ausgestreuet wurden

Christiane Weise

Zittauische Rosen, welche bei dem Heldengrabe des Kurfürstens zu Sachsen Herrn Johann Georgen des Dritten ausgestreuet wurden

ISBN/EAN: 9783743453098

Hergestellt in Europa, USA, Kanada, Australien, Japan

Cover: Foto ©ninafisch / pixelio.de

Manufactured and distributed by brebook publishing software (www.brebook.com)

Christiane Weise

Zittauische Rosen, welche bei dem Heldengrabe des Kurfürstens zu Sachsen Herrn Johann Georgen des Dritten ausgestreuet wurden

M. G.
Zittauische Rosen/
Welche
Bey dem Helden-Grabe
Des Glorwürdigsten
Chur-Fürstens zu Sachsen/
Herrn
Johann Georgen
des Dritten/
Den $\frac{11}{21}$ Decembr. MDCXCI.
zu demüthigsten Nachruhm/
zu Christmäßigen Troste/
zu Gottergebener Hoffnung/
Durch unterschiedene Lob- und Wunsch-Rede
ausgestreuet worden/
Unter Anführung
Christian Weisens/ Rect.

Verlegts Johann Friedrich Gleditsch/
Buchhändler in Leipzig/ 1692.

Rosen-Gedancken
An
Das Chur- und Fürstliche
Begräbnüß
In
Freyberg.

Kommt und seht das
Grabmahl an/
Welches manchen Held
verwahret/
Und das hinterlaßne Theil
Biß auf jenen Tag ver-
sparet.

Ihre Tugend hats verdienet/
Daß man / auch zur Winters-Zeit/
Angenehme Frühlings-Rosen
Um die Helden-Lager streut.

Ihre Thaten haben sich
Offt in Dornen aufgehalten:
Denn wie kan die Tapfferkeit

An=

❀(o)❀
Anders ihre Pflicht ver=
walten?
Also muß nach ihrem Tode
Der gerechte Schluß
ergehn/
Daß die Trost= und Lie=
bes=Rosen
Weiß und roth beysam=
men stehn.

Sachsen hat noch manchen
Stock/
Da die Rosen köstlich
blühen.
a 3 Ich

❀ (o) ❀

Ich wil sagē/ dieses Land
Lässet manchen Sohn erziehen/
Und die angebohrne Tu-
gend
Reitzet Mund und
Feder an/
Daß der Fürsten Lob
und Nachruhm
Rosen=mäßig blühen
kan.

Erstlich blüht der hohe
Danck.

Denn

Denn wie soll man dieß
vergessen?
Daß ein Vater seinen
Thron
Uns zur Wolfahrt hat
besessen.
Werden nun die treuen
Seufftzer
Unsrer Liebe nachge=
schickt/
Ach so werden so viel Ro=
sen
Ihr zum Opffer abge=
pflückt.

Ferner blüht der treue Wunsch
Alles werde so verblei-
ben/
Und es werde solcher
Glantz
Bey der Nachwelt auch
bekleiben.
Drum so vielmahl unser
Beten
An des Himmels Pforte
schlägt;
Gleich so vielmahl sind die
Rosen

Als

※ (o) ※

Als ein Denckmahl hingelegt.

Endlich blüht der stete Ruhm.
Welcher Staat und Kirche schützet/
Ja mit seinem Blute selbst
Dem bedrängten Lande nützet/
Diesem steckt die Warheit selber
Tausend Rosen um das Grab:

※ (o) ※
Denn sie legt in so viel Sprüchen
Ihr bewährtes Zeugnüß ab.

Ach uns dünckt/ das Vaterland
Soll nicht alle Rosen pflücken:
Denn die fremden wollen auch
Ihren Liebes-Antheil schicken/
Wer in Osten und in Westen

Man-

Manchen Dornstrauch
hat zerstört/
Diesem wird aus solchen
Cräntzen
Auch ein Rosen=Zinß
verehrt.

Nun ihr Helden ruhet wol.
Weil wir solche Rosen
haben
Wollen wir die treue
Schuld
Nimmermehr mit uns
vergraben.
Schlaffet

❋ (o) ❋
Schlaffet auff beliebten
Rosen/
Daß der Segen noch
besteht/
Weil die Hoffnung eines
Sommers
Allerseits auff Rosen
geht.

GOtt sey künfftig unser
GOtt/
Denn gleich wie Er
Sachsen liebet
Und der hohen Fürsten
Glück

Uns

(o)
Uns zum Unterpfande
giebet:
Also mehren sich die Rosen
Um die Raute tausend=
mahl
Und verwandeln unsre
Gräntzen
Als in einem Rosen=
Thal.

Ach GOtt Lob die Rose
blüht/
Wir verbleiben fromme
Bienen/
Welche

Welche sich der guten Zeit
Und des Safftes wol
bedienen.
Sprenget gleich ein herbes
Trauren
Wermuth oder Eßig
an:
Gnung daß unser Rosen=
Honig
Nimmermehr verfei=
gen kan.

Vorbericht
an den Geneigten Leser.

SO lange dieses Marggraffthum Oberlausitz/ und hiermit die liebe Stadt Zittau/ zwar anfangs den heilsamen Geruch/ darnach den vollen Schatten der Sächsischen Raute genossen hat; so ist das hohe Chur-Hauß niemahls durch sonderliche Todes-Fälle von dem unerforschlichen GOtt heimgesuchet worden/ daß man nicht im hiesigen Gymnasio die unterthänigste Schuldigkeit in acht genommen/ und durch allerhand gelehrte Proben der Jugend eine Veneration gegen die hohe Landes-Obrigkeit eingepflantzet hätte. Denn es ist noch mit klaren Zeugnüssen zu beweisen/ daß allemahl ein gewisser Trauer-Actus in dem Auditorio angestellet/ und der geliebten Posterität zum guten Exempel öffentlich gedrucket

drucket worden. Der Anfang ward alsobald gemacht im Jahr 1623/ als der Durch/ lauchtigste Churfürst/ Herr Johann Georg der Erste seiner höchstgelieb/ ten Frau Mutter/ Frauen Sophien/ gebohren aus dem Chur/ Hause Bran= denburg/ die letzte Pflicht erwiesen hatte. Denn der Actus, welchen der damahlige Rector Herr Preilius aufgeführet/ ist noch im Drucke vorhanden. Nachdem nun diese Christlöbliche Gewohnheit biß hieher in be= ständiger Observanz geblieben: Als würde man vor dieses mahl eine grosse Sünde be= gangen haben/ wenn bey diesem Helden/ mäßigen und von Churfürst Mo/ ritzens Zeiten her recht ungewöhnli/ chen Trauer-Begängnüß nur etwas ge= ringes wäre versaumet oder unterlassen worden. Derohalben wird was zu hören/ und was zu lesen vorgetragen. Und gleich wie der nachfolgenden Zeit der Ausschlag bißher anheim gestellet gewesen/ daß die ge= liebte Jugend mit ihren hertzlichen Wün= schen niemahls vergebens an den Himmel geklopffet hat; Also ist auch vorietzo kein Zweiffel/ es werden die Redner/ welche vor sich keine Vollkommenheit rühmen dürf= fen/ gleichwohl vor dem Göttlichen Throne mit

mit einer vollkommen Erhörung begnadi-
get werden. Gestalt solches dem gütigen Le-
ser/ als einem Liebhaber der Sächsischen
Prosperität zu einem geneigten Ansehen ü-
berlassen wird.

Die Einladungs-Schrifft
oder das Programma besteht in diesen
Worten.

WO die Jugend wol erzogen wird/ da
muß sie allgemach einen Blick nach
dem andern in das gemeine Leben thun.
Und was von den Alten geschiehet/ das dienet ihnen gleichfalls zum Exempel. Sonderlich hat man darauff zu sehen/ daß die
hohen Landes-Väter als Stadthalter
Gottes offtmahls in tieffster devotion ge-
nennet/ auch mit Christschuldigsten Wünschen unterthänigst bedienet werden. Was
junge Leute zeitlich gewohnen/ das wird im
Alter desto freudiger verrichtet. Und wo
sie einmahl etwas Göttliches angetroffen
haben/ da kan weder die Verachtung noch
der Ungehorsam statt finden. So wird a-
ber das fundament zur politischen Glückseligkeit geleget/ und so werden die Unterthanen erzogen/ daß sie dem liebreichen Wunsche des Gnädigsten Oberhauptes allezeit anstehen.

A 2   Ich

Ich beruffe mich auff die vergangenen Jahre / da wir unsre angehende Redner vielmahl auff eine Bühne treten lassen/ nicht nur allein darum/ daß die Zunge zu einer manierlichen Aussprache/ und der gantze Leib zu einer anständigen positur möchte angewöhnet werden / sondern daß sie auch ihren demüthigsten Danck gegen die Landes=väterlichen Wolthaten durch ein Gott=ergebenes Gebet bezahlen könten. Ja es geschicht offtmahls / daß der Innhalt bloß auff die glorwürdigsten Sachsen=Helden gerichtet ist.

Als der numehro Großmächtigste und Durchlauchtigste Chur=Fürst Herr Johann Georg der Vierdte / das zwölffte Jahr seines Alters angetreten hatte / begingen wir den schönen Geburts=Tag mit Betrachtung dreyer Wahl=Sprüche:

Des Aelter=Herrn Vaters:
SCOPUS VITÆ MEÆ CHRISTUS,

Des Groß=Herrn Vaters:
SURSUM, DEORSUM,

Des Herrn Vaters:
JEHOVA VEXILLUM MEUM,

in

in gewisser Hoffnung/ es werde die drey=
fache Tugend in diesem Haupte zusam=
men lebendig werden. Und wie der Be=
griff unsers Gehorsams in diesen Worten
enthalten war: SERENISSIMO PRIN-
CIPI AC DOMINO, QVEM NA-
TIVITAS ET FORTUNA
SAXONEM, INDOLES ET
VIRTUS JOHANNEM
GEORGIUM, NASCENDI
ORDO AC CONSTANTIÆ
OMEN QVARTUM
DICTITAVIT; DOMINO INDUL-
GENTISSIMO, NUNC AMABILI, PIO,
FLORENTI, OLIM AUGU-
STO MAGNANIMO ET
PACIFICO, DIES SA-
XONICOS, h. e. SALUTEM,
SUCCESSUM, INCREMENTUM
DEVOTE PRECAMUR; Also
dürffen wir uns nach Verfliessung dieser
zwölff Jahre der Reden gar nicht schämen/
sondern

sondern leben versichert / GOtt werde uns nicht allein die Bestätigung / sondern auch die angenehmsten Früchte dieses Zuruffes empfinden lassen.

Das folgende Jahr 1680. führte uns auf ein Jubel-Gedächtniß / indem gleich vor fünffhundert Jahren der Rauten-Krantz den Chur-Sächsischen Schild zu erst bezieret hatte: Was auch nach Anleitung des gantzen Wappens aus dem Krantze selbst / so dann aus den fünff schwartzen und güldnen Balcken vor ungezwungene Deutung herausgezogen ward / das haben wir mit vielfältigen Dancke vor dem höchsten Wolthäter erkennen müssen.

Als 1681. nach gehaltener Trauer die Music wiederum erstattet ward / diente eben diese harmonie zu einem Sinnbilde der Sächsischen Glückseligkeit.

Vornehmlich als 1683. das edleste Kleinod unsers Landes den Entsatz vor Wien befördern solte / traff sichs / daß wir im Gymnasio etliche Tage vor dieser unvergleichlichen Victorie eine andächtige

Arie

Arie abſingen lieſſen / darinn unter andern
dieſe Worte enthalten waren.

Indeſſen ſteh mit deinen Kräfften
Dem Landes-Vater gnädig bey/
Daß Er in allen Kriegs-Geſchäff-
ten
Ein Zeuge deiner Allmacht ſey.
Und als dieſe Göttliche Allmacht durch
ſo augenſcheinliche Zeugnüße hervorgebro-
chen war/ ſo kan ein iedweder leicht abneh-
men/ daß wir die folgende Jahre biß hieher
dieſes Zeugnüß nach allen Vermögen gerühmet und erhöhet haben.

Doch der gegenwärtigen Sachen näher
zu kommen/ ſo iſt bey erfolgter Trauer
iedes mahl etwas verſucht worden/ daß
uns niemand hat beſchuldigen dürffen/ als
wenn an unſern unterthänigſten Orte die
Roſen des Nachruhms / des Troſtes
und der ferneren Hoffnung allzu ſpar-
ſam wären ausgeſtreuet worden.

Bey den Chriſt-löblichſten Exeqvien
Churfürſtens Johann Georgen des
Erſten 1657. trat der damahlige Rector
Herr Reimann auf und ließ ſich in einer Parentation hören/ folgendes Tages vergnüg-
te Er die Zuhörer im Auditorio mit einer
wol-

wolgesetzten Panegyrico, da Er im Carmine Heroico die Helden=Tugenden dieses grossen Potentatens schon ausgeführet hat.

Als die Durchlauchtigste Landes-Mutter folgte 1659. ward in Gegenwart vornehmer Personen / sonderlich des Herrn Lands=Hauptmannes von Haugwitz/ deroselben zu Ehren ein deutsches Panegyricum in gebundener Rede gehalten.

Mich betraff die Reihe 1680. dem Höchst=seligen Herrn Johann Georgen dem Andern meine wenige Parentation als ein letztes Opffer darzustellen. Doch zwey Tage hernach ließ ich im Auditorio auf einer schwartzen Trauer=Bühne vornehme Söhne vor mich reden/ weil Sie meines Erachtens noch länger leben/ auch den Nachkommen etwas länger davon erzehlen könten. Herr Hans Ulrich Freyherr von Schaffgotsch war Vorredner. Herr Hans Rudolff von Metzrad führte seine Gedancken auf das Hohe Chur- und Ertz-Amt. Herr Georg Abraham von Schweinitz/ bezog sich auf das Marggraffthum Meissen.

Meißen. Herr Hans Hartwig von Nostitz blieb bey dem Marggraffthum Ober-Laußitz. Und da man die Reden in öffentlichen Drucke hat/ so mag der geneigte Leser urtheilen / ob wir etwas von dem Gottgefälligen Sachsen-Glücke daselbst ausgelassen haben.

Wolan wir sind allemahl durch Hochansehnliche und geneigte Zuhörer in dieser demüthigsten Pflicht secundirt worden: also dürffen wir uns auch bey der ietzigen Devotion nichts wenigers versprechen. Wir haben einen Fall erlebet/ der das betrübte Sachsen-Land nicht vielmahl betroffen hat. Die Fürsten sind sterblich: doch daß Sie ausser dem Vaterlande sterben/ und daß die Unterthanen die Stunde selbst nicht wissen können / wenn ihre Sonne verfinstert ist/ das macht gedoppelten Schmertzen. Er war ein Held bey dem sich das Glücke mit der Tapfferkeit gleichsam vermählet hatte: drüm ist der Verlust üm so viel schmertzlicher/ ie mehr die weit ausse henden Zeiten dieses glückseligen Bandes vonnöthen haben.

Sollen wir auch mit wenigen berühren/ was die Gunst-gewogenen Anwesende zu hoffen

hoffen haben/ so bezeucht sich die gantze Invention auf das Castrum Doloris Churfürsten Johann Georgens des Andern/ darinn eine blühende Rose zu sehen war/ welche viel Bienen üm sich fliegend hatte/ mit beygeschriebenen Worten: CUNCTIS DESIDERABILIS. Denn eben eine solche Rose ist auch der ietzo vermiste gnädigste Landes-Vater gewesen. Und weil die Rosen vornehmlich/ wie man Sie pflegt in Wappen abzubilden/ fünff gewisse Abtheilungen an sich haben/ so dienen die schönen fünff Nahmen / welche dem Keyser Honorio auff eine Müntze beygelegt worden/ sonderlich dazu/ als SPECIOSUS, DIGNUS, ACHILLES, EUGENIUS, SIDEREUS, damit wird sich die Rose beschreiben lassen. Und solcher Gestalt wird man nichts als Rosen üm das Churfürstliche Monument wo nicht in der That/ doch in unterthänigsten Gedancken ausstreuen. GOtt lasse das Vorhaben gesegnet/ die Wünsche bestätiget und die Hoffnung erfüllet seyn.

Die

Die Handlung
an sich selbst.

I.
Der Eintritt wird gar stille gehalten. Darnach wird hinter den Trauer-Tüchern gantz sachte gesungen: Wenn mein Stündlein vorhanden ist ꝛc. Ein Discantist kommt auf die Bühne/ der singet die folgende Arie, zwar in einer sonderlichen Melodei gantz ohne fundament: ausser was Er von dem Liede zur Direction mitnehmen kan.

1.
Ach! du Hochbetrübtes Sachsen
   Du verlierst ein Hohes Licht/
   Und dein Held soll ferner nicht
Durch die schönen Siege wachsen:
   Er verläst das Vaterland
Vor die Reichs- und Glaubens-Brüder/
Doch das Schicksal hat Ihn wieder
   In dem Sarge zugesandt.

2.
Zwar das Haupt kan nicht verderben/
   Denn sein fester Helden-Muth
   Wolte nur auf Christi Blut
Heil und Seeligkeit ererben.
   Das ist eine Zuversicht/

Die den besten Sieg erwirbet/
Wenn ein theurer Sachse stirbet/
Läst Er seinen JEsum nicht.

3.

Doch wir Blöden sind verlassen/
Uns betrifft ein tieffes Leid/
Daß wir in der Bangigkeit
Keinen Trost und Hoffnung fassen/
Biß sich JEsus wieder zeigt/
Der das Sachsen=Hauß erfüllet
Und zugleich den Kummer stillet/
Welcher uns zur Erde beugt.

4.

JEsus der die Seinen kennet/
Und vor diesen Fürsten=Thron
Allzeit einen Salomon
Auch bey Davids Leben nennet/
Der verhänget diesen Tod/
Und probiret unsern Glauben:
Lässet man sich den nicht rauben/
So vergeht die Sterbens-Noth.

5.

Fahre wohl zu deiner Freude
Vormahls unser Ober=Haupt/
Weil dir GOtt die Ruh erlaubt
In den weißen Sieges=Kleide:
Laß die Welt und fahre wol/

GOtt

GOtt versorge seine Glieder
Dieser weiß/ wie bald ein ieder
Deinem Wege folgen soll.

II.

Hierauf kömmt
Reinhard Anton Freyherr von Miltiz
und hat diese Vorrede:

DEr Vater ist dahin. So wird das Jahr
beschlossen/
Die Liebes = Thränen sind gleich als ein
Qvell geflossen/
Und netzen unser Land/ das ist die Danck=
barkeit
Damit ein treuer Knecht **den theuren
Sarg** bestreut.
Mehr kan ein Mensch nicht thun/ Er kan
die Noth beklagen/
Er kan in solcher Angst nach **diesen Nah=
men** fragen/
Der unser **Schutz und Trost**/ der **unsre
Sonne** war;
Allein der alles Volck in Hoffnung und Ge=
fahr
So zeitlich überläßt. Wir steh'n in hohen
Sorgen/

Weil

Weil man zum drittenmahl hier auff Johann Georgen
Als einen Todten sieht. Der Held/ der dreymahl gut/
Der dreymahl glücklich hieß/ der offt sein eigen Blut
Der Welt zum Pfande gab/ der sich in Un=
ruh setzte/
Daß Er sein treues Land mit Fried und
Ruh ergetzte/
Der große Capitain, der seinem Key=
ser treu
Und allen tröstlich war/ geht nun so
bald vorbey.
Die Glocken haben zwar beweglich gnug
geklungen/
Und dieses Zeugnüß ist durch manches Land
gedrungen.
Auch künfftig siehet man den angebohrnen
Danck
Der allgemeinen Pflicht durch einen
Trauer=Gang.
Drum was die Alten thun/ versuchet unsre
Jugend/
Die setzet ihren Fuß auf eben diese Tugend/
Sie richtet noch zuvor ein solches Denck=
mahl auf/

Das

Das zwar den Dritten nennt/ und doch
den meisten Lauff
In dieser Schuldigkeit schon auff den
vierdten richtet/
Der auch das Trauren selbst durch neuen
Trost verpflichtet.
Drum welcher Sachsen liebt/ wer als ein
Friedens-Freund
Der hohen Eltern Krafft im Sohne
brünstig meint/
Wer dieses Helden-Hauß mit tieffer De-
muth ehret
Und Wittekindes Lob im Erben gerne
höret/
Der sey auch hier geneigt. Wir wissen unsre
Pflicht/
Fehlt etwas an der Kunst/ so fehlt der
Wille nicht.

III.

Den Vorschlag wegen des Rosen-Bildes
und der fünfffachen Nahmen/
thut
Christoph Gottlieb von Nimptsch
aus Schlesien.

Hoch-

Hochgeneigte Anwesende.

ES schwebet noch allen in frischen Andencken/ welcher gestalt numehro vor 11. Jahren in diesen Auditorio **traurige Personen** auff einer **traurigen Bühne** vorgetreten sind. Denn dazumahl war dieses geliebte Vaterland durch den Hintritt des **Durchlauchtigsten Churfürsten Herrn Johann Georgen** des II. in ein schmertzliches Betrübniß gerathen. Und weil die Jugend in dieser gelehrten Officien dahin soll gehalten werden/ daß sie allgemach als ein Spiegel die Verrichtungen des gemeinen Lebens an sich blicken lässet/ so muste das allgemeine Bekümmernüß auch allhier sein Ebenbild antreffen. Und dannenhero wird sich niemand wundern/ warum auch vorietzo die Noth des gesamten Landes gleichsam einen schwachen Wieder-Schall an diesen Platze von sich geben soll. Ja gleich wie vor 11. Jahren unterschiedene Personen **aus den geliebten Schlesien** ihre traurige Pflicht unterthänigst abstatteten/ so hab auch ich an meinem Orte nicht schweigen können/ **nachdem mein werthgeschätztes Vaterland unter den Gott-**

gefälligen

gefälligen Schutze der Sächsischen Raute manchen edlen Sohn hat ver=sorgen und aufferziehen lassen.

Zwar was bey dieser instehenden Woche theils in Freyberg theils im gantzen Lande vor sonderbahre Gedancken mochten an das Licht gestellet werden / solches können wir etliche Tage vorhero nicht errathen: drum wird es auch genung seyn/ wenn wir etwas aus der vorigen Zeit abborgen/ und dergestalt das alte mit den neuen verbinden. Oder daß ich meine Gedancken so deutlich heraus lassen mag / als es möglich ist/ so schwebet mir

Das prächtige CASTRUM DOLORIS

vor Augen / welches höchstgedachten Churfürsten/ Herrn Johann Georgen II. in Freyberg aufgerichtet worden. Und sonderlich leuchtet ein nachdenckliches Sinnbild hervor/ darinn

eine Rose

zu sehen war/ um welche

die Bienen

Hauffenweise herum flogen mit beygefügten Worten:

B   CUN-

CUNCTIS DESIDERABILIS

Das ist: Ein ieder sucht seine Wolfahrt und seine Vergnügung an dieser Blume.

An sich selbsten ist es nicht ungereimt/ daß getreue Unterthanen den Bienen verglichen werden. Der junge Hiero ward in seiner Kindheit von den Bienen ernehret/ und hiedurch hatte er die Deutung/ daß er solte König in Sicilien werden/ und daß ihn manche getreue Biene bey dieser Dignität begleiten würde. Eben dieses begegnete dem Dionysio, nachdem sich ein Bienenschwarm an seine Hand legte/ so war Ihm das Königreich Sicilien geweissaget. Als ein Bienenschwarm in Rom sich an die Ehren-Seule des Antonini Pii gehangen hatte/ so merckte man allbereit/ daß er solte Kayser werden. Und dannenhero war auch dieses Bild über die massen anständig/ weil das gute Hertz und die brünstige Zuneigung der allergetreusten Unterthanen so deutlich heraus spielen konte. Man hatte sich auch in der Warheit zu versichern/ daß dieser Ruhm bey dem hohen Chur-Hause von vielen Seculis her etwas nachdrücklicher geführet worden/ als etwan

dort

dort bey der Jsabella der Princeßin von Este oder zu Modena, welche viel Bienen um eine Blume mahlte mit dieser Auslegung: TRAXIT ODORA VOLUPTAS. Der angenehme Geruch/ das ist/ die Erkäntnuß einer politischen und also recht erfreulichen Glückseligkeit hat sie angelocket.

Es ist war/ die Bienen machen Honig/ und können solches Wunderwerck ihrem Fleiße oder auch ihrer Kunst zuschreiben. Doch wo keine Blume vorhanden wäre/ die mit ihren unerschöpfften Saffte dem Fleiße zu statten käme/ so würden die guten Bienen ihr Unvermögen und ihren Mangel gar leicht beklagen.

Und dergestalt kan es in einem Lande nicht besser stehen/ als wenn ein Durchlauchtigster Regent das Sinnbild einer Blume oder wie es auff dem CASTRO DOLORIS eigentlich zu sehen ist/ einer Rose zu verdienen pfleget. Und vielleicht haben die klugen Spanier vor andern darauf gezielet/ wenn sie die Crone ihres Königes gleich als eine Rose formiren wollen. Ja nachdem in dem Chur = und

Fürst=

Fürstlichen Wapen der Durchlauchtigsten Sachsen-Helden eine Rose deutlich und annehmlich genung vorgestellet ist/ so werden wir um so viel desto weniger zu tadlen seyn/ wenn wir uns auch über dieses Bild am allermeisten verwundern.

Allein ich muß hier etwas stehen bleiben. Wenn wir in Wapen eine Rose beschauen wollen/ so befinden wir meistentheils/ daß dieselbige in fünff Blätter eingetheilet wird. Denn des Sächsischen Wapens zu geschweigen/ davon wir allbereit was gemeldet haben/ so ist es bekandt/ was den Engelländern in Abbildung der weisen und rothen Rose vor eine Zahl beliebet hat. Die Ursiner in Italien und die dahero stammenden Fürsten und Herren von Rosenberg/ so dann auch die Herren Graffen von der Lippe werden solches ebenfalls mit ihren Schilden beweisen können. Auch von den Rhodisern ist es bekandt/ nachdem sie vorzeiten die also genandte Rosen-Insul bewohnten/ so hatten sie gleichfalls darauff gezielet/ daß ihr Wapen als eine fünff-blätterichte Rose den Krieges-Fahnen selber einen fünfffachen Zierath geben solte.

Hoch-

Hochgeneigte Anwesende.

Sie wissen ohne Zweiffel nicht / warum Ich von der fünfften Zahl so ein grosses Wesen mache. Doch wenn ich sagen werde / daß ein tugendhaffter Printz und vornehmlich der theure Sohn des Höchst-Seligen Churfürsten / der auch bey seiner Christlöblichsten Begräbnüß unter dem Sinnbilde einer Rosen beklaget worden / aus fünff unterschiedenen Merckmahlen müsse gerühmet werden / so wird vielleicht alle Verwunderung wegfallen / warum wir auch bey dieser Winters-Zeit und auff einer schwartzen Trauer-Bühne die Rosen blühen / und gleichsam einen Hochpreißlichē Rosen-Monat erscheinen lassen.

Als dorten Keyser HONORIUS, der auch seinen Nahmen nach erinnert ward / welchergestalt Er seine hohe Gewalt durch Ehre und Tugend befestigen solte / von dem Römischen Volcke mit einem sonderbaren Schaupfennige solte beehret werden / so hatten sie allen Vermuthen nach ihre Pflicht über die massen wol

wol erfüllet/in dem sie den Kayser mit fünff unterschiedenen Nahmen bezeichnet/ welche nicht allein in einen Circkel und fast in Gestalt einer Rosen geschrieben / sondern auch dergestalt abgezehlet waren/ daß man eine Rose von fünff Blättern sehr annehmlich damit hätte beschreiben können. Die Nahmen waren diese:

SPECIOSUS.
DIGNUS.
ACHILLES.
EUGENIUS.
SIDEREUS.

Und ward also
Die annehmliche Gestalt.
Die würdige Tugend.
Die Heldenmäßige Tapferkeit:
Das Durchlauchtigste Geblüte/
endlich auch
Der Himmlisch-gesinnte und
Himmlisch-belohnte Geist.
auß dermassen annehmlich vorgebildet.

In Warheit/ wenn jemand vernehmen solte/ daß ich mich an diesen fünff Nahmen belustiget oder wie das Verhängnüß laufft/ betrübet hätte/ so möchte er in den eusser-

eussersten Gräntzen von Europa seine Wohnung aufgeschlagen haben/ er würde gleichwohl die Rechnung machen/ daß der **Durchlauchtigste Johann Georg III.** damit wäre bezeichnet und angedeutet worden. Und also werden wir uns des anständigen Bildes nicht zu schämen haben. Der Vorschlag ist gethan/ meine geliebten Nachfolger haben sich zu dergleichen **Rosen-Gedancken** geschickt gemacht/ und wofern die Genehmhaltung der Hochgeneigten Anwesenden den blöden Rednern zu einem guten Fortgange mit einer angenehmen Affection etwas contribuiret/ so wird dieses schuldige **Rosen-Opffer** desto leichter bey dem grossen GOtt im Himmel und bey dem glorwürdigsten Churfürsten auf Erden gleich als ein süsser Geruch anzunehmen seyn.

Bey den Römern kunte man einem verstorbenen Helden keine bessere Danckbarkeit erweisen/ als **wenn man das Grab mit häuffigen Rosen bestreuete;** gestalt der Drusus in der Grabschrifft ausdrücklich erinnert hatte / ut QVOTANNIS ROSAS AD MONUMENTUM DE-

DEFERRENT, sie solten in Zuͤckunfft alle Jahre in acht nehmen/ und bey dem Grab=Mahle neue Rosen blühen lassen. Wenn sie aber die Ursache sagen solten/ so lieff es auff eine ungewisse darbey aber sehr curiöse Fabel hinaus. Sie meinten der Trojanische Held HECTOR wäre nach seinem Tode von der VENUS mit Rosen=Oele gesalbet worden. Ach wir bedürffen keiner VENUS. Die zusammen gesetzte Liebe der hohen Alliirten/ der liebreichen Nachbaren/ der getreuen Unterthanen hat schon so viel Wirckung / damit das Churfürstliche Grab gleichsam in Rosen=Oele schwimmen kan. Wir wünschen/ daß die wenigen Tropffen/ die wir beytragen können/ an keinem Orte verächtlich oder verwerfflich seyn.

IV.

Den Nahmen SPECIOSUS führet aus Wolff Conrad von Rauschendorff aus Ober=Lausitz.

Hochgeneigte Anwesende.

SO ist es billig/ daß der theure Leich=nam des Durchlauchtigsten Lan=
des=

des=Vaters mit Rosen=Oel eingesalbet/ und hiernechst das betrübte Behältnüß mit Rosen/ gleich als mit einem unausbleiblichen Opffer bestreuet wird. Und weil diese Pflicht dem Göttlichen Verhängnüß zu gehorsamer Folge gleich zu Anfange des unangenehmen Winters abzulegen ist/ so besinne ich mich auf eine Tapezerey in Franckreich in dem Schloße zu Versailles, darauf eine Blume gebildet war von der Gattung/ welche bey kalten Wetter durch den Schnee stechen kan/ und daselbst perce neige, bey uns Schnee=Violen genennet werden/ mit beygefügten Worten: NIL FLORERE VETAT. Die Blume muß auch der Kälte zu Trotze blühen. Denn wofern wir die Rosen= Gedancken vor dießmahl continuiren sollen/ so werden wir die Anleitung von keiner verächtlichen Blume nehmen/ sondern wir werden bey dieser Sächsischen Rose gar wol lesen können: NIL FLORERE VETAT. Die Blume/ welche sich allemahl auch im Winter frisch und lebhafft erwie=sen/ soll auch bey der ietzigen Kälte durch keinen Frost aufgehalten wer=den.

Wiewol das erste Wort/ welches gleichsam aus dieser Rosen fünckelt/ soll nach der gegebenen parole heißen:

SPECIOSUS.

Wir haben einen schönen/ ansehnlichen und also zu reden einen recht Majestätischen Herrn gehabt. Und es ist nicht unbekandt/ welcher gestalt hohe Potentaten ein großes Theil ihres Glückes und des Ruhmes der schönen Leibes Gestalt gedancket haben. Ariobarzanes wurde deßwegen König in Armenien weil Er der Schönste war/ und in Æthiopien da sonst häßliche Leute wohnen/ geht die Wahl des Königreiches dennoch auf denselben/ welcher etwas angenehmes in seiner Gestalt bekommen hat. Mit dem Eduardo IV. in Engeland wusten sich die Unterthanen viel/ weil Er an Schönheit keines gleichen hatte. Und die Savoyer nenneten ihren Herrn den Bonifacium eben wegen dieser lieblichen Qualität ihren Absalon. Ja was soll ich viel sagen? wenn unser Heyland selbst etwas sonderliches und Königliches an sich rühmen will/ so heisset Er der Schönste unter den Menschen-Kindern.

Wie-

Wiewol wer die nöthige Schönheit eines Printzen genau judiciren will/ der muß daſſelbe geleſen haben/ was der kluge Vellejus von den mächtigen Pompejo ſchreibet: FORMA EXCELLENS NON EA, QVA COMMENDATUR FLOS ÆTATIS, SED EX DIGNITATE CONSTANTIAQVE. Er hatte eine unvergleichliche Geſtalt/ nicht zwar eben/ wie man junge und liebreiche Menſchen abzumahlen pfleget/ ſondern daß man etwas Majeſtätiſches und tugendhafftes auch aus dem äuſſerlichen Blicke verſtehen kunte. Allermaſſen die vornehmſten Historici bey Abbildung hoher Potentaten allemahl dergleichen nachdenckliche Formulen geführet haben. Juſtinus giebet dem Dario FORMAM IMPERIO DIGNAM, ein ſolches Geſichte/ das würdig geweſen/ auf dem Throne angebetet zu werden. Bey dem Spartiano hat der Ælius Verus PULCHRITUDINEM REGIAM eine Königliche Schönheit. Eben bey dieſem heiſt der Keyſer Severus VULTU REVERENDUS, und bey dem Capitolino der Antoninus Pius VULTU NOBILIS, ſolche Herren die eine ſchuldige Veneration, und gleich-
ſam

sam eine höchst-adeliche Extraction in ihrem Gesichte befehlen und behaupten kunten. Tacitus kan des Germanici Sohn nicht besser loben/ als wenn er sagt: FORMA VIRO PRINCIPE DIGNA. Eine Gestalt die Fürsten-mäßig ist. Und der berühmte Meursius giebt dem Könige in Dännemarck Erico III. das Lob: FACIES IMPERIO DIGNA MAJESTATEM PRÆ SE FERENS. Er hatte ein Antlitz / daraus man einen König und etwas Helden-mäßiges mercken kunte.

Hochwertheste Anwesende.

SJe werden mir die Freyheit lassen/ daß Jch in diesem Stücke mehr als zu weitläufftig bin. Denn wofern ich die Nahmen derjenigen Potentaten auslassen will/ darauff von den obgedachten Historicis gezielet worden/ so wird ein iedweder bekennen/ daß ich über das Bildnüß unsers Durchlauchtigsten Landes-Vaters eine Beyschrifft nach der andern gemachet habe. Denn wie sicher und wahrhafftig Er den Nahmen SPECIOSUS hätte führen können/ solches werden alle bezeugen/ die sich
bey

bey dem tapffern Angesichte furchtsam
erfreuet / liebreich entsetzet und glückwün=
schent in allerhand Verwunderung einge=
lassen haben.   Ich will es kurtz und deut=
lich geben.   Er hatte
    ein recht Fürstliches Ansehen /
    ein freudiges Ansehen /
    ein Heldenmäßiges Ansehen.
Er hatte ein Fürstliches Ansehen. Deñ
wer in seinem Alter so weit kommen war /
daß Er noch etwas von den Zeiten des
Glorwürdigsten Johann Georgen I.
gedencken kunte / der muste bekeñen / daß in
diesen unvergleichlichen Nepoten des
Groß=Herrn Vaters Ebenbild augen=
scheinlich eingepräget war. Und daß Er
sich um so viel desto mehr als einen schönen
Printzen vom Chur=Sächsischen Ge=
blüte nennen durffte. Wie dort der alte
Gordianus vom Volcke zu Rom am aller=
höchsten solte gelobet werden / so bestund
das meiste hierin / Er wäre dem Keyser
Augusto ähnlich. Warum sollen wir auch
hier diß Lob verschweigen / wenn wir den
theuren Fürsten einen AUGUSTUM
nennen / alldieweil Er so wohl in gantz
                              Deutsch=

Deutschland als auch in dieser nunmehro gesegneten Laußitz die Sachen so weit dirigiret hat/ daß Er des Jani Tempel zuschliessen und ein Friedens-Fest nach dem andern ausschreiben kunte. Doch diesem Augusto ist unser Höchstseliger Chur-Fürst ähnlich gewesen.

So hat Er auch ein freudiges Ansehen gehabt. Ich will sagen/ Er hat nicht von nöthen gehabt die Wangen mit einer geborgten Schmincke zu verstellen/ wie etwan der todt-francke Soliman zu Constantinopel die ausländischen Ambassadeurs betriegen wolte; sondern Er war mit einer beständigen und recht glücklichen Leibes Constitution gesegnet/ daß Er also mit einer lebhafften Farbe sich aufführen und das anmuthige Wesen durch einen hurtigen und unverhinderten Geist secundiren kunte. Ich halte auch man würde dieses Grab wie vor Zeiten des Keysers Theodosii mit dem einzigen Worte SANITAS bezeichnet haben/ wenn Er sein kostbares Leben und seine unschätzbare Gesundheit der deutschen Freyheit gegen Orient und Occident nicht geopffert hätte. Denn eben darum müssen wir auch itzo beklagen/ daß Er

auff

auff die letzte Zeit dem äusserlichen Scheine nach den vorigen Nahmen Speciosus nicht so wohl in der That hätte erhalten mögen. Wiewol sein Heldenmäßiges Ansehen war auf so viel Müntzen / Medaillen und Taffeln dem ewigen Gedächtnüße einverleibet / daß kein eusserliches Unglück über die Schönheit zugebieten hatte. Denn man mochte wol diejenigen Worte wiederholen / welche dorten Ælianus von Alexandro M. zu lesen giebet: PULCHER QVIDEM, VT TAMEN IN FACIE FORMIDABILE QVIDDAM ESSET INSITVM. Er war schön / doch wer sich in die Schönheit verlieben wolte / der fand auch etwas / davor man sich entsetzen muste. Hohe Potentaten müssen zwar das erste fundament ihrer Macht in des Volckes Liebe suchen / doch Sie bedürffen ein Contrepeso, daß Sie bey dieser Liebe nicht verächtlich werden. Allein ich ruffe diß Bild zum Zeugen an / ob iemand eine Person von solchen Minen hat hassen oder verachten können? Jener König ließ in seinem Sale eine schöne Rose mit ihren Stacheln vorstellen / und schrieb darzu: JVNCTA ARMA DECORI. Hier ist etwas schönes dabey man
sich

sich belustigen kan/ auch etwas gewaffnetes/ dabey man sich verletzen kan. Ach ja die Rose stehet hier/ und gleich wie in dem Castro Doloris des höchstgedachten Churfürsten Johann Georgen II. eine abgepflückte Rose zu sehen war mit den Worten: ET DECERPTA SERVAT ODOREM. Sie bleibt eine Rose/ ob Sie gleich von dem Stocke gesondert ist. So wollen wir in beständiger Andacht zu GOtt hoffen/ es werde noch etwas von dieser Rose geblieben seyn/ daß wir auch bey den angehenden Durchlauchtigsten Landes=Vater Chur=Fürsten Johann Georgen IV. eine süsse Rose finden und als begierige Bienen tausendfache Lust und Erqvickung um diese Rose geniessen mögen.

V.

Den Nahmen DIGNUS erweget
Loth Sigmund von Minckwitz
aus Ober=Lausitz.

GOtt Lob! das erste Rosen=Blat hat sich seiner Uberschrifft nicht schämen dürffen/ ich will auch hoffen/ daß wir das andre Wort

DIGNUS

DIGNUS

mit eben solchen Nachdrucke dem andern Blatte werden anschreiben können. Und wie etwan vor 15. Jahren in Dännemarck bey dem damahligen Carousel der vornehmste Danck dem Könige selbst in die Hände kam/ und zu allem Glücke die Worte darauff zu lesen waren: IL MERITE. Er hat es verdienet. So können wir wol sprechen/ daß diesem theuren Landes-Vater nichts hohes und vortheilhafftes zugewachsen/ welches er nicht mit seinen ungemeinen Tugenden und Hoch-fürstlichen Qualitäten rühmlichst meritiret hätte. Keyser Augustus wolte seine Nepoten nicht gar zu hoch rühmen lassen/ und gab allemahl den Ausschlag: SI MEREBUNTUR. Doch allhier war der Zweiffel abgethan/ es war verdient/ ja der Neid selber hätte sich eines gerechten Neides besorgen müssen/ wenn er diesem Dienste zuwider was unanständiges hätte versuchen wollen. Und er durffte sich derselben Worte nicht schämen/ welche Keyser Constantinus vielmahl im Munde geführet hat: Es ist ein blosses Glücke/ daß man Keyser wird/ (und nachgehends/ daß man Churfürst wird.) Allein

C

lein man muß auch hohen Fleiß an/
wenden/daß man den Glantz vor der
gesamten Welt verdienet. Die Worte
sind im lateinischen sehr nachdencklich/wie
sie Lampridius gegeben hat: IMPERIO
SINT DIGNI, QVOS AD REGENDI
NECESSITATEM VIS FATORUM
ADDUXERIT, das ist/der jenige/wel-
chen das mächtige Verhängnuß oder
der Schluß des grossen Gottes dahin
geführet hat/ daß er nothwendig re-
gieret/ und die Sorge der gemeinen
Wolfahrt nicht von sich abwenden
kan/ der muß sich so verhalten/damit
er das Verhängnuß keiner unbedacht-
samen Wahl beschuldiget.

Wir werden bey solchen Keyserlichen Gedancken bleiben. Denn als der Römische
Keyser Carolus IV. in der also genandten
güldnen Bulle das Recht der Churfürsten und absonderlich die freye Wahl
eines Römischen Königes auff einen
richtigen Fuß zu setzen gemeinet war/ saget
er diesen Befehl/ sie solten zum Römischen Könige einen guten/ gerechten
und nützlichen Menschen machen/und
gab hiermit ebenfalls zu verstehen/ daß
die

diejenigen / welche die Wahl in ihrer
Hand führen wolten/auch den Ruhm
als

Gute/
Gerechte und
Nützliche Menschen/
verdienen solten. Ja wohl hat unser
Glorwürdigster Johann George III.
niemahls ermangelt / diese vornehme
Kennzeichen eines Churfürsten in der
That zu behaupten.

Er war gut /
das heist / wie man das Wort BONUS
auszulegen pflegt/Er war tugendhafft/
und machte sich ein Gewissen / wenn
er wider Gott/ wider das Vaterland
und wider seiner eignen renomeé das
geringste hätte vornehmen sollen. Und
hatte der Groß-Herr Vater in seiner Begräbnüß-Müntze die Worte verdienet:
DEO, CÆSARI, IMPERIOQVE RO-
MANO FIDELIS, CONSTANS, MA-
GNANIMUS, so mögen unsre Feinde nu-
mehr aufftreten/ welche diesen unbeweg-
lichen Tugend-Sinn mit List und Ver-
heissung vielfältig bestürmet haben/ ob er

C 2 iemahls

iemahls in seiner Tugend falsch/ unbeständig oder einfältig und leichtgläubig erfunden worden. Und also möchte man dieselben Worte wol wiederholen/ welche man dem Keyser Galba bey seiner Wahl auff die Gratulations-Müntze schrieb: HONOR ET VIRTUS. Hier ist ein Mann hervor gezogen/ bey welchen Ehr und Tugend und sonsten nichts gegolten hat/ bey dem auch dieses die fernere Losung bleiben wird. Ach das heist wol/ wie sich dort König Jacob gegen das Parlament in Engelland erklärte/ Er wolte sich gegen das gesamte Königreich verhalten/ als ein Mann von Ehren. So ist auch dieser gute Ruhm sonderlich vermehret worden/ indem die Würdigkeit

Eines gerechten Menschen
allezeit ist gesuchet worden. Niemand darff sich beklagen/ daß Er in seiner gerechten Sache wäre gedrucket/ oder daß die Boßheit der Unschuld zum Betrübnüße wäre begnädiget worden. Es hätte sich auch ein solcher Printz schämen müssen/ der Gerechtigkeit einen Stoß zu geben/ welcher an der Vestung Dreßden an den schönen Churfürstlichen Morizischen Monumente

numente die **Gerechtigkeit** angetroffen mit dieser Beyschrifft:

Justitiæ qvisqvis sculpturam lumine cernis,
Dic: Deus est justus, justaqve facta probat.

Oder wie es von einer glückseligen Hand ist verdeutschet worden:

Wer dieses Bild beschaut/kan die Gedancken machen:
Gerecht ist unser GOtt/und liebt gerechte Sachen.

Hat also Keyser Augustus auf seiner Müntze die **Gerechtigkeit** prägen können/ und auf der andern Seite sein Bildnüß mit einem glänzenden Haupte/ daß man erkennen solte/ welcher massen Er alle Dignität und Hoheit bloß der unveränderten Justiz zugeschrieben hätte; so wollen wir auch verhoffen/ daß wir in unserm Vaterlande ein **glänzendes Churfürstliches Haupt** angetroffen/ welches nunmehr auch im Tode die **Sonne der Gerechtigkeit** dergestalt bescheinen wird/ daß die unvergleichlichen Strahlen itzt und in Ewigkeit nicht verschwinden können. Zumahlen da noch unterschiedne Strahlen vorhanden sind/ daß der Nahme

E 3   Eines

Eines nützlichen/
das ist/ eines wohlthätigen und gütigsten Menschen niemahls aus der Acht gelassen worden. Bey den Persianern hatte sich ein gewisses Volck gegen die Könige so verdient gemacht/ daß ihnen auch der Nahme geändert ward/ und als sie zuvor Agriaspi geheißen/ führten Sie den Titel EVERGETÆ Wolthäter des Vaterlandes. Ach soll unser Deutschland bekennen/ wo ein grosser Evergeta der allgemeinen Freyheit bißhero gewohnet habe/ so wird es gewiß derselbige seyn/ welcher an der Donau und am Rhein-Strom mehr als seine Reichs-Schuldigkeit sonst erfordert/ sein Vermögen/ seine Gesundheit und sein Leben zur Wohlthat gemachet hat/ nur damit Er so wol der Christenheit als der deutschen Freyheit nichts præjudicirliches dürffte zuwachsen lassen. Und hat dannenhero Keyser Augustus auf der Müntze in einem gewundenen Krantze die Worte lesen lassen: SALUS GENERIS HUMANI. So mögen wir aus so viel Tugend-Rosen auch einen Krantz winden/ und das Zeugnuß hinzusetzen/ die Wolfahrt des Sächsischen und deutschen Volckes sey durch diesen

sen höchst erqvickenden Geruch erhalten und befördert worden. Und also bleibt es dabey. Das allgemeine Trauren des Vaterlandes betrifft einen guten/ gerechten/ nützlichen/ kurtz zu sagen einen würdigen Menschen/ der das Wort DIGNUS auf seinem Rosen-Blatte den kalten Todes-Winter zu Trotze stets behalten wird.

Hochgeschätzte Anwesende.
Sie lassen mir die Freyheit noch etwas weniges zu berühren. Es wolte ein Tapezierer seinem Könige schmeichlen und stickte einen Granat-Apffel/ welcher in der äusserlichen Schale einen Knopff wie eine Crone führte/ welchen doch kein Mensch geniessen kan/ da hingegen die Lieblichkeit der inwendigen Kerne weit angenehmer ist/ und dabey ward geschrieben: PRÆSTANT INTERNA CORONÆ. Die Crone ist köstlich/ aber was inwendig verborgen liegt/ das muß die Crone selbsten kostbar machen. Wir werden uns wegen der Auslegung wenig aufhalten dürffen/ weñ wir an diesem Orte sprechen/ der Chur-Hut sey durch innerliche Qvalitäten noch tausendmal

köst-

köstlicher und vor andern würdig gemachet worden. Wir wündschen so viel als innerliche Körner den Granat-Apffel erfüllen/ so viel Glück und Heyl wolle der Gnadenreiche Schöpffer dem neuen Churfürsten einpflantzen/ welcher in seiner großmüthigen Seele die Meriten der Hohen Chur-Dignität als ein unvergleichliches Erbtheil angenommen hat/ so wird die gantze Welt das Zeugnüß geben/ daß ein guter/ gerechter und nützlicher Mann zwar den Abschied genommen hat/ und daß wir doch keinen Verlust des guten/ gerechten und nützlichen Wolergehens beweinen dürffen.

VI.
Den Nahmen ACHILLES betrachtet

Christian Hoffmann von Dreßden.

Hochgeneigte Anwesende.

Die Rosen-Gedancken sind glücklich fortgesetzet worden/ und die Reihe betrifft mich nun daß ich auf das dritte Blat den Nahmen

ACHIL-

ACHILLES

schreiben soll. Denn es war bey den Römern nicht ungemein/ daß sie den Nahmen Achilles zum Zeichen ihrer Tapfferkeit führten. Gestalt Maximinus von etlichen hat wollen HERCULES, von etlichen AJAX, und von etlichen ACHILLES genennet werden. Ja es ist nicht unbekandt/ daß ein glorwürdiger Churfürst aus dem Hause Brandenburg ALBERTUS zum Zeugnuß der unvergleichlichen Tapfferkeit ACHILLES GERMANICUS genennet worden. Es müste auch ein Feind der deutschen Nation die Warheit selbst wiederlegen wollen/ wenn er diesem Großmüthigen Helden den Nahmen eines tapffern ACHILLIS abdisputiren wolte. Er hatte ein Gemüthe/ welches sich in keine furchtsame Schrancken einsperren ließ/ sondern wie Carolus V. zwey gekrönte Seulen anstatt des Sinnbildes führete/ mit den Worten: PLUS ULTRA allemahl weiter fort; so waren auch hier der Tugend keine Gräntzen gesetzt/ und ehe man die Kräffte von der vorigen Campagne nur

nur in etwas erholen kunte/ so hörte man schon das Wort erschallen: PLUS ULTRA. Noch einmahl weiter fort.

Indem ich dieser Seulen gedencke/ so fällt mir etwas ein/ welches unsern Rosen nicht übel anstehen möchte. Nachdem der admirable König SALOMON den vollführten Tempel-Bau durch etwas sonderlichs signaliren wolte/ so ließ er zwey überaus grosse Seulen giessen/ und auf denselben allerhand Zierathen setzen/ welche den Rosen ähnlich waren. Dest wie der weise König mit Rätzlen und Sinnbildern scharffsinnig gnug zu spielen wuste; so gab Er allen Ankommenden zu rathen/ was Er gleichwohl unter diesen Seulen auch unter diesen Rosen wolte verstanden haben. Ich bilde mir ein die Rosen sind ein Merckmahl der blühenden Glückseligkeit gewesen/ doch ein ieder hat daraus lernen sollen/ daß die Rosen keinen Bestand haben würden/ wo sie nicht auf einen doppelten Grunde/ das ist/ auf einer Gott-ergebenen Klugheit und auf einer unerschrocknen Tapfferkeit zu ruhen kämen. Ach ja wir haben GOtt zu dancken/ daß die Rosen bißanhero durch das geliebte Vaterland schön geblühet haben/ und wir sehen

die

die Seule deutlich gnung/ welche sich mit ihrer klugen Tapfferkeit zum fundament gesetzet hat.

Ich weiß wol/ wenn es bey den Herrn Politicis zum disputiren kömmt/ so wollen etliche behaupten / daß ein regierender Printz zu Hause bleiben / und den Krieg durch seine Ministros führen soll. Allein bey den Siegreichen Hause Sachsen hat man sich an diese speculation nicht gebunden. Ich will nichts von den alten Wittekind / nichts von andern Tugendhafften gedencken / der grosse Stamm=Herr der Albertinischen Linie / der neben seinen Herren Söhnen den Schauplatz der hertzhafften Tugend in Niederland suchte / der hat seinen Durchlauchtigsten Nachkommen nichts anders einpflantzen können. Churfürst Johannes war im Ungarischen Kriege vor Stulweißenburg der erste auff der Mauer. Churfürst Moritz muste eben in diesem Königreiche selbander einen gantzen Trop Türcken aufhalten. Wie nahe Johann George der Erste bey dem dreyßig jährigen Kriege der

Gefahr

Gefahr unter die Augen gegangen/ das bedarff keiner weitläufftigen Ausführung. Mit einem Worte / der kluge Barclajus hat nicht unrecht geurtheilet: QVAMLIBET IN PRINCIPE VIRTUTEM CONTEMNI POSSE, NISI ACCEDAT FORTITUDINIS OPiNIO. Ein Printz muß auch mit den gröſten Tugenden verachtet werden/ wofern Er sich mit keiner Tapfferkeit in renomeé setzt. Allein solte es wol iemand von mir begehren/ daß ich alle Proben nacheinander abzehlen solte/ welche dieſer Sächſiſche ACHILLES innerhalb 18. Jahren abgeleget hat. Keyſer Valens hatte den Ruhm/ daß Jhm seine Siege nacheinander auf der Müntze abgezehlet wurden. Deñ sie schrieben allezeit das Wort: SECURITAS, das iſt / wiederum eine neue Sicherheit/ daß wir uns bey dieſem Keyſer nichts fürchten dürffen. Und über dieſes stund dabey: SECURITAS PRIMA, SECUNDA, TERTIA, QVARTA. Gewiß wir möchten auch noch weit über dieſe Zahl kommen/ wenn wir ermeſſen ſolten/ wie vielmahl die Roſen der Tapfferkeit uns zur Securität geblühet haben. Die erste Sicherheit bekamen wir anno 1673, in dem

dieſer

dieser damahlige Chur-Printz unter den höchst=ansehnlichen Character eines General=Lieutenants nicht nur eine Probe/ sondern auch ein rechtes Meister=Stück ablegte. Wenn wir auch das andre verschweigen wollen/ welches mehr durch abgeschickte Völcker/ als durch dero hohe Person zu unsrer Sicherheit vorgenommen worden/ so war die andre Securität der Entsatz vor Wien. Die Sache ist so groß und von einer solchen Admiration, daß die Nachwelt gedencken möchte/ es hätten sich die Deutschen bald zu sehr flattiret/ indem sie dergleichen unerhörte Dinge von sich geschrieben. Doch die Ausländer sind auch selbst überzeuget/ daß sie der Warheit nachgeben müssen. Es hatte nach derselben Victorie der Cardinal Barberini als Protector des Königreichs Polen ein solennes Jubel=Fest in Rom angestellet/ und die Rede ward dem berühmten Manne Herrn Antonio Malezonelli, oder wie er sonst heist de Amadoris auffgetragen/ dieser gebrauchte sich unter andern der wunderschönen Worte/ welche wir eben in dieser Sprache zum bessern Zeugnüsse wiederholen müssen: NON DETRECTABANT PUGNAM BARBARI, QVORUM ARDOREM

REM AC PRIMUM BELLI IMPETUM
FORTISSIMI SAXONES EXCEPE-
RE, QVI TANQVAM PRO MODO VIR-
TUTIS, FORTUNÆ GRADUS DEBE-
RETUR, PRIMA IN ACIE CONSTITU-
TI PUGNAVERE, HAUD INDIGNI
ILLIUS IMPERIO PRINCIPIS, A QVO
GLORIOSISSIME DUCEBANTUR,
das heißt: Die Barbarn wolten sich wi=
dersetzen/ doch sie kamen mit ihrer er=
sten Hitze an die tapffern Sachsen/
die waren versichert/ daß nach dem
Maaße ihrer Helden=mäßigen Tu=
gend das Glücke gleicher gestalt wür=
de zu hoffen seyn/ und liessen sich gerne
an die Spitze stellen/ und verdienten
den Ruhm/ daß sie würdig waren
unter dem Commando eines glorwür=
digsten Churfürsten zu fechten. Ich
wolte nun sprechen/ die dritte Sicher=
heit ereignete sich Anno 88/ die vierdte
Anno 89. vor Maintz/ die fünffte Anno
90. und so weiter. Allein es wird ein ied=
weder aus dem bißherigen Gedächtnüße
mehr stillschweigend davon raisonniren als
ich reden kan.

Ach wäre dieses tapffere PLUS ULTRA
nur in dem ietzigen gegenwärtigem Jahre
zurücke

zurücke geblieben. Allein die resolution war gefast / und es hieß / wenn ich ins Feld weder reiten noch fahren kan / so will ich mich tragen lassen. Und es schiene als wenn er das Sinnbild auff dem väterlichen Castro Doloris noch erfüllen müste. Denn da war ein Pelican / der sein eignes Blut den jungen zum besten gab / und dabey stund: PROPRIO CRUORE. Er schonet auch seines eignen Blutes nicht. Ach es ist ja so weit nicht kommen / daß Er seinem Tugendhafften Wundsche nach das Blut im Felde vergossen / und wie man zu reden pfleget / auff dem Bette der Ehren mit seinem Blute gleichsam neue Rosen gemahlet hätte. Allein Er ist doch durch eine unüberwindliche Kranckheit dergestalt abgezehret worden / biß Ihm endlich das Geblüte gemangelt hat. Doch indem alle Bluts-Tropffen / welche daselbst zurücke blieben sind / in unverweltliche Rosen verwandelt werden / so gebe der grosse GOtt / daß bey dem Durchlauchtigsten Johann Georgen IV. das Rosen-Glücke beständig continuire / ja daß Er gleich als ein ander Salomon durch die Seulen der klugen

Tapffer-

Tapfferkeit solche Rosen=Stützen und uns die fröhliche Vergnügung eine Securität nach der andern abzuzehlen glücklich überlassen möge.

VII.
Der Nahme EUGENIUS wird gerühmt
durch
Johann Christian Lehmann
von Budißin.

Hochgeneigte Anwesende.

Die Reihe kömmt an mich / daß ich nu=mehro auff dem vierdten Rosenblatte das nachdenckliche Wort

EUGENIUS

schreiben soll / das heist / wir sollen zurück gedencken / daß wir also zu reden einen Wolgebohrnen / welchen GOtt und das Glücke mit einer höchst=ansehnlichen Geburt begnädiget hat / beweinen sollen: Und indem ich die Rose gleichsam mit so viel Bluts=Tropffen besprenget sehe / so viel hohe Vorfahren die Geburt herrlicher und prächtiger machen / so werd ich mich dieser Redens=Art etwas getröster

tröster bedienen können/ als vorzeiten die
Heyden/ welche vorgaben/ es hätte die
Venus sich an einem Dorn geritzet/ und
hiermit wäre durch ihr Blut den Rosen die angenehme rothe Farbe zuge-
wachsen/ oder auch die Türcken/ welche
den Ursprung der anmuthigen Rosen-Far-
be von des verfluchten Mahometts Schweis-
se herführen wollen.   Es ist mir leid/ daß
ich in einer weitläufftigen Sachen/ die sich
über zweytausend Jahr hinaus rechnen
läst/ die kurtze Zeit und die Gedult der hoch-
wertsten Zuhörer in acht nehmen muß.
Drum werd ich mit wenigen viel sagen/
das hohe Chur-Hauß zu Sachsen ist

   Ein herrlich und recht edles Hauß/
   Ein gesegnetes Hauß/
   Ein beständiges Hauß.

Ich sage mit guten Bedacht/ es ist ein hertz-
lich und recht edles Hauß / alldieweil
auch der grosse Keyser selbst in dem Ge-
setze kein Bedencken trägt/ NOBILISSI-
MUS oder ein aller-Edelster zu heissen.
Wer die glorwürdigsten Vorfahren in
eine Rechnung bringen will / der kömmt
endlich in eine See/ die Er nicht ergründen
kan/ das ist/ Er siehet/ daß die unver-
       D   rückte

rückte Zahl der Helden eher gewesen ist/ als die deutschen Historienschreiber zu geben pflegen. Und da man sonsten mit den Rosen von 100. Blättern pralen kan/ so hält die Sächsische Rose unter den fünff Haupt-Blättern mehr als so viel 100. verborgen. Gesetzt/ man hätte bey den gegenwärtigen Exempel auf kein Geschlecht zu sehen/ da sich die Tugend allemahl selbst auf das neue zu adlen pflegt; so dienet gleichwol solches zu unsern Nutzen/ weil die alten Bäume mehrentheils bessere Früchte tragen/ als diejenigen/ die erst anfangen; und zu unserer Hoffnung/ weil es unmöglich scheinet/ daß ein Großmüthiger Churfürst zu Sachsen bey Betrachtung des höchstansehnlichen Helden-Sales von seiner angebohrnen Generosität abweichen könte; Ja letzlich auch zu unsrer Danckbarkeit/ weil es billig ist/ daß die hohen Wolthäter des Vaterlandes den Nachfolgern zur Vergnügung auch im Tode gepriesen werden. Und ich frage selbst/ob bey diesem Hertz-empfindlichen Trauren einem ieglichen treuen Patrioten nicht das Hertz im Leibe wieder zu lachen anfänget/ nachdem

der

der höchst-verdiente Nahme Johann George in guter Hoffnung schon auff den Vierdten fortgepflantzet ist.

Ich habe ferner gesagt/ es ist ein recht gesegnetes Hauß. Denn vor eins hat die Gott-gefällige Pietät allemahl die Oberhand behalten/ daß der väterliche und mütterliche Segen nicht allein inbrünstig ist ausgesprochen/ sondern auch durch Gottes Genehmhaltung erfüllet und vermehret worden. Und gewiß/ nachdem die Gottselige Churfürstin die alsogenannte Mutter Anna Chur-Fürst Augusti Gemahlin die beweglichen Worte an ihr Begräbnüß schreiben lassen:

Der HErr segne dich aus Zion/ daß du sehest deiner Kinder-Kinder Friede über Israel. So ist der Segen aus dieser Todten-Grufft in das Leben aller Nachkommen erfreulich durchgedrungen.

Gott sey Danck/ der Segen aus Zion und aus der rechtgläubigen Kirche bestehet noch die Stunde/ es hat an glückseligen Kindern nicht gemangelt/ und der Friede darff durch GOttes wunderbahren Schutz noch nicht Abschied nehmen; auch die getreuesten Unterthanen haben nichts also zu reden an ihren Segen und an ihren Seufftzen ermangeln lassen/ und was vor diesen bey der Beerdigung des grossen Theodosii von einem hohen Lehrer ausgesprochen worden/ was hernach ein vortreflicher Theologus zu Leipzig bey dem Begräbnüße Johann Georgii I. wiederholet hat/ das wird anietzo mit viel tausend Zungen ausgesprochen werden: Du allgewaltiger HErr/ dich müssen wir bitten und anruffen/ daß der tapffre Fürst in den hinterlassenen Söhnen nochmahls repræsentiret werde/ das ist/ daß wir den Hintritt betrachten/ dennoch keinen Verlust daher empfinden.

Wiewol es schwebet uns allbereit ein neuer EUGENIUS vor Augen/ welcher bezeugen soll/ daß sein Hauß künfftig werde beständig seyn. Von dem Alcibiade wird gerühmet/ daß Er in seinem Schilde niemahls mit den Wapen seiner Vorfahren gepranget; sondern er mahlte ein geflügeltes Kind/ oder wie man zu reden pfleget/ die Liebe hinein. Denn Er wolte so viel zu verstehen geben/ daß Ihn die Liebe des Vaterlandes des alten Adels müste würdig machen/ und also

mag

mag ich wohl sprechen / daß in dem hohen Churfürstlichen Hause Sachsen die Beständigkeit so tröstlich hervor geblicket hat / solches haben wir der eingepflantzten Liebe zu dancken / daß ein iedweder von den Helden=Söhnen nicht so wohl auff das Wapen und auff die Erbschafft als auff die Liebe und hohe Meriten gesehen hat. Als dort der beredte Plinius den Trajanum sonderlich rühmen wolte/ so sagte Er unter andern/ sein Antecessor Nerva hätte viel Sachen abgezeichnet und angefangen / weil Er nicht gezweiffelt hätte / dieser tapffere Successor würde ein iedwedes wol ausführen. Ich scheue mich nicht zu sagen/ ein iedweder Chur=fürst zu Sachsen hat was trefliches angefangen / das hernach von einen Herrn Sohne herrlich ist ausgeführet worden. Und die Erfahrung wird es bestätigen / daß die höchst=rühmlichste Intention des numehro höchst=seligen Herrn Vaters durch den Vierdten dieses Nahmens löblich und ersprießlich wird ausgeführet werden. Im Garten ist es nichts seltsames / daß eine Rose verblühet/ und mitten aus der=

D 3   selbt=

ſelbigen eine neue hervor wåchſt. Die Roſe darff hier nicht aufwachſen / die Blätter haben ſich ſchon auffgethan und die Purpur=Farbe des Sächſi=ſchen Geblütes kan die unverweckliche Krafft nicht verläugnen/ und iemehr ich das vielerwehnte Caſtrum Doloris JOHANNIS GEORGII II. betrachte / deſto mehr Weiſſagungen ſind darinne enthalten. Es war ein Phœnix, der ſich im Tode ſelbſt verjünget / mit der Beyſchrifft: UT VIVAM. Es geſchicht darum/ daß ich leben will. Ja wohl der neue Phœnix lebet / der wird ſich in unſern Lande weiſen und allenthalben in Roſen geweidet werden. Hat Churfürſt Auguſtus im vorigen Seculo durchgehends die Nahmen verdienet: FLOS EUROPÆ, FLOS PATRIÆ. Die Blume von Europa/ Blume vom Vaterlande. So werden wir auch niemals auff den theuren Chur=fürſten/ oder auf ein ſolches Bild ſchau=en/ daß wir nicht als fromme Bienen mit einer unterthänigſten Begierde daran kle=ben bleiben/ und ſagen ROSA EUROPÆ, ROSA PATRIÆ, das iſt: Die Roſe von Europa/und die Roſe vom Vaterlan=de/

de/ damit soll auch niemand so kühne seyn/ von dieser wolgepflantzten Rose den Nahmen EUGENIUS abzuwischen. Und hat Keyser Ferdinandus I. in seiner Vermählung zwey Hände mit drey Rosen mahlen können / und darzu geschrieben: SIC IN PERPETUUM. So soll es izo und immer seyn: So mag auch bey dieser Vermählung des neuen Churfürsten mit der unterthänigsten Landschafft die obgedachte dritte Zahl des herrlichen gesegneten und beständigen Hauses durch so viel Rosen abgebildet verbleiben.

VIII.

Endlich kömmt der Nahme SIDEREUS, und solchen bedencket

Christoph George von Nassau aus Schlesien.

Hochgeschätzte Anwesende.

WEr will nun zweifflen/ daß wir auch das letzte Wort SIDEREUS auf die Rose schreiben mögen. Der Durch-

Durchlauchtigste Chur-Fürst ist ein Freund nicht nur des gestirnten Himmels sondern des Göttlichen Himmels gewesen/ welchen wir durch den gestirnten Himmel gemeiniglich zu bezeichnen pflegen. Und gleichwie der Innhalt unserer Reden auff eine Rose geht/ welche wir in den vorigen Castro Doloris angetroffen haben/ so finden wir gleich über denselben einen hellen Morgen-Stern/ der aus den tunckeln Wolcken hervor spielet mit beygesetzten Worten: SICUT STELLA MATUTINA INTER NEBULAS GLORIÆ, welche dort von dem Hohenpriester Simon des Oniæ Sohn gesagt worden: Er leuchtet als ein Morgen-Stern durch die Wolcken/ gleich als wäre dazumahl schon darauf gesehen worden/ was vor ein edler Sternen-Glantz auf die Rose gefallen wäre. Als Chur-Fürst Ernst zu Sachsen die Stadt Rom besuchte/ so ward Ihm vom Pabste eine güldene Rose geschencket/ und dergleichen Geschencke hätte zu Zeiten Lutheri Pabst Leo der X. bey Churfürsten Friedrichen dem Weisen gerne angebracht/ wenn man sich dezumahl nicht schon resolviret hätte/ das wahre Rosen-Gold von dem Himmel

mel und von dem Glantze des Gnadenrei‍chen Gottes zu suchen. Also ist es bey den Nachkommen geblieben/ und da nunmehr ein billig genandter SIDEREUS von unsern Augen weg genommen wird/ so können wir billig sagen:

> Er hat seine Gewalt von den Him‍mel empfangen/
> Er hat sie durch des Himmels Wol‍that löblich angelegt/
> Er ist auch im Himmel wol belohnet worden.

Ich sage: Er hat seine Gewalt vom Himmel empfangen/ und wenn Er sich von Gottes Gnaden geschrieben hat/ so ist zugleich ein mächtiges Wort ergangen/ daß Er sich seines Rechtes und seiner wohlangebohrnen Hoheit nirgends schämen durffte. Der scharffsinnige Politicus Savedra mahlete eine Crone/ die auff einer Seule ruhete und schrieb die Worte darzu: EXISTIMATIONE NIXA. Was aber darunter zuverstehen sey/ sagte Er in diesen Worten: QVID ALIUD EST EXISTIMATIO QVAM SPIRITUS QVI‍DAM TENUIS, IN OPINIONE OMNI‍UM

UM ACCENSUS, QVI SCEPTRUM ERIGIT ET SUSTENTAT. Es ist ein subtiles Wesen vorhanden/ welches in den Gemüthern gleichsam angezündet wird/ daß ein König seinen Scepter beständig und sicher führen kan. Ich hätte wollen sprechen/ es ist ein Göttlicher Einfluß/ der von einem HErrn kömmt/ welcher das Hertz eines iedweden Menschen in seiner Verwaltung hat.

Der Heyde Adrianus war schon so verständig als Er des Jupiters Vogel den Adler auf der Müntze præsentirte / der ihm den Scepter von oben herab und gleichsam von seinem Principale darzeichen muste. Ericus der XIV. König in Schweden machte es noch besser/ der mahlte einen Scepter aus den Wolcken hangende mit den Worten: DEUS DAT, CUI VULT. Nach Gottes Willen werden Könige und Fürsten eingesetzt.

Doch wir müssen eilen/ unser Durchlauchtigster SIDERIUS hat auch in allen Verrichtungen des Himmels Wirckungen empfunden/ und gleichwie von etlichen Seculis her so viel gefährliche Veränderun-

derungen in Regiments- und Religions-
Sachen hätten vorlauffen können/ wenn
Gottes Güte nicht über die höchst-löbli-
chen Regenten gewacht hätte/ so mögen
wir den Wunsch/ welchen **Churfürst Augustus an das prächtige Stallgebäu-
de** geschrieben hat/ noch ferner gelten lassen: ÆTAS PRÆSENS ET FUTURA
DOMINO FELICITATEM, PACEM-
QVE, FIRMITATEM GENERIS, FOR-
TUNÆ VITÆQVE PRECETUR, NEC
TAM PRÆSIDIIS HUMANIS QVAM
DIVINO AUXILIO SUAM SUORUM-
QVE SALUTEM NITI ARBITRETUR.
Das ist/ wer itzt und künftig leben wird/
der mag seinem HertzenGlück und Freu-
de/ Befestigung des hohen Hauses/
beständiges Glück und Leben anwün-
schen/ und ein ieder mag dabey geden-
cken/ wie seine und der seinigen Wolfahrt nicht so wol auff menschlichen
Beystand/ als auff der Göttlichen
Hülffe zu beruhen pfleget. Ich will an-
itzo nicht an den guten Success gedencken/
daß wir mitten in dem Brande von Europa noch unverletzt leben können: Denn solches hat ein Printz ohne Gott nimmermehr
zu wege gebracht. Ich will nur dieses sagen/
daß

daß der tapffre Held mitten in den gefährlichsten rencontren unverletzt und sicher davon kommen ist. Und gleichwie der Keyser Gordianus auff der Müntze stehen wolte / daß Ihn Jupiter mit einem Donner-Keil bedeckte: so hat der wahrhafftige GOtt / dessen Nahmen er in der Fahne zu führen pflegt / den Ausgang seines allmächtigen Schirmes mehrentheils mit dem Schrecken der Feinde verspüren lassen.

Dannenhero ist auch kein Zweiffel / Er ist nunmehr im Himmel wol belohnet und angenommen worden. Julius Cæsar mag seine Begräbnüß-Müntze mit einem Sterne bezeichnen. Keyser Augustus mag sich nach dem Tode mit einem glänzenden oder gestirnten Haupte mahlen lassen. Der Persische Tyranne Sapor mag sich einen Bruder der Sonnen / und einen Bluts-Freund der Gestirne heissen: Wer die letzten Worte des höchst-seligen Churfürsten betrachtet / der sieht die Sonne der Gerechtigkeit hervor fünckeln / und ist versichert / daß dieser Freund der Gestirne leuchten werde wie die Sternen immer und ewiglich. Er sagt:

Ich

Ich sterbe. Meine Rose soll verwel⸗
cken/ mein Licht soll verlöschen. Aber
ich hoffe durch Christi Verdienst die Se⸗
ligkeit zu erben. Das Blut des gelieb⸗
ten Heylandes soll meiner Rosen die
Farben/ und die Seligkeit soll meiner
Seelen das Licht wieder geben. Also
dürffen wir dem Pabste Leoni dem XI. die
traurige Müntze nicht abborgen/ als man
nach seinem 20 tägischen Pabstthum ein
verwelcktes Rosen⸗Püschel mahlte/ mit
den Worten: SIC FLORUIT. So und
nicht länger hab ich geblüht. Vielmehr
mag es bey demselbigen Bilde verbleiben/
welches Heinrico VIII. in Engelland belieb⸗
te. Der mahlte eine Rose von fünff
Blättern oder fünff Abtheilungen / und
darüber eine gläntzende Crone mit den
Worten: RUTILANS ROSA SINE
SPINIS. Die Rose glänzt und hat
keine Dornen.

Nun GOtt helffe/ daß die Dornen des
bißherigen Betrübnüßes durch den Ein⸗
fluß des gewaltigen Himmels dergestalt ge⸗
mindert und abgethan werden/ daß auch
unser Johann George IV. so wol der Lieb⸗
ligkeit als der Sicherheit nach unter dem
Anblick

Anblick einer Rose könne bedient und gerühmet werden.

IX.

Den unterthänigsten Glückwuntsch
an den
neuen Durchlauchtigsten Churfürsten
leget ab
Wilhelm Leyser von Wittenberg.

Die Rosen sind nunmehr ausgestreuet/ und was unser weniges Armuth bey dem Grabe des allerliebsten Landes-Vaters hat verrichten können/ das ist geschehen. Und wir haben GOtt zu dancken/ daß wir noch etwas von Rosen übrig haben / wodurch die unterthänigste Pflicht gegen den Großmächtigsten Johann Georgen IV. nach Vermögen kan abgestattet werden. Und indem das Loß meine Wenigkeit betroffen hat/ daß ich den zukünfftigen Trost und den inbrünstigen Glückwuntsch gleichsam in Rosen verwandeln soll/ so schwebt mir ein artiges Bild vor Augen/ welches vor 24. Jahren manchen curiösen Anschauer zu Regenspurg an sich lockete: Denn der Friede war gleich zu Breda zwischen Engelland

land und Holland geschlossen/ und als die hohen Interessenten deffentwegen auf eine Solennität bedacht waren/ so præsentirten Sie unter andern zwey Löwen/ einer hatte sich auf allerhand Krieges-Rüstungen niedergelegt/ der ander hatte sich auf ein Bette von lauter Rosen gelagert/ und die angenehme Deutung kunte dazumahl leicht zu errathen seyn. Denn nachdem sich die tapffern Helden auf ihre Waffen gleichsam zur Ruhe geleget/ so war kein Zweiffel/ Sie würden ins künfftige bey den Rosen aller Glückseligkeit gedeyen und ausruhen können.

Hochgeneigte Anwesende.

SJe werden wissen wollen/ warum ich mich dieses ausländischen Bildes bediene. Doch es versiert ein hoher König und eine freye Republiqve darunter/ welche beyderseits dem Durchlauchtigsten Chur-Hause Sachsen mit unverbrüchlicher Alliance zugethan sind. Es betrifft einen König/ der bey dem gegenwärtigen Leidwesen die Trauer angeleget hat

hat. Ja daß ich nichts verschweige/ so kömmt uns gleich ein Curiöser Dialogus in Frantzösischen Versen zu Gesichte/ darinn das Ebenbild eines vollkommenen Helden aus den Heldenmäßigen Tugenden Königs VVilhelmi III. zusammen gesuchet wird. Denn als der Verfasser zugleich der Hohen Alliirten erwehnen muß/ so find ich diesen Verß:

Le Saxe est comme un lion au milieu des Batailles.

Der Sachse ist wie ein Löwe/ wenn Er sich mitten in den Waffen und in dem Streite befindt. Nun wolan dieser Löwe hat sich zur Ruhe gelegt/ und wie Er einen ebenmäßigen und Tugendhafften Nachfolger zurücke gelassen hat/ also wünschen wir/ daß dieser Löwe/ der ins künftige vor die Wolfarth dieses Landes wachen soll/ und den Meißnischen Löwen nicht vergebens in seinem Schilde zu betrachten hat/ daß Er allezeit auf Waffen auch allezeit auf Rosen glücklich ruhen möge. Er habe ferner den Ruhm der Sächsische Mars zu heißen/ doch in dem Lande sehe man keine Waffen/ dadurch die

Rosen

Rosen möchten in ihrer Blüthe gestöret werden. Ich rede von einen Printzen/ dessen Höchstseliger Groß-Herr Vater an dem theuren Manne dem Herrn Luthero ein treffliches Gefallen gehabt/ also gar/ daß Er auch dessen Ring niemahls von seinen Finger kommen lassen. Dem Durchlauchtigsten Nepoten wird es nicht unanständig seyn/ wenn wir an eben dieses vortrefflichen Lehrers Siegel-Ring gedencken. Der hatte ein Hertz auff einer Rose mit beygefügten Worten:

Der Christen Hertz auf Rosen geht/
Wenns mitten unterm Creutze
steht.

Denn also wollen wir nachsprechen:

GOtt segne diesen Printz/ daß Er
auf Rosen geht/
Wenn Er in hoher Müh/ ja gar im
Felde steht.

Ich will sagen/ wo etwas zu sorgen/ zu rathen/ zu beschliessen/ zu verrichten ist/ da gebe GOtt sein gnädigstes Gedeyen darzu/ daß mitten in der Arbeit kein Verdruß/ mitten in der Gefahr

keine Furcht / mitten in der Verrich≠
tung keine Müdigkeit erfolge. Denn
so wollen wir der ungezweiffelten Hoffnung
leben/ es werde der gnädigste Churfürst/
der von GOtt mit so viel Rosen be≠
gnadiget ist/ auch die getreuen Unterthanen mit allerhand Rosen bedencken. Zu
Zeiten Keysers Adriani ward eine Müntze
geschlagen / da stund die gewaffnete
Hoffnung und præsentirte gewissen Per-
sonen/ die herum stunden / etliche Rosen.
Ach ja die Hoffnung dieses Landes
hat sich bißhero mehrentheils in Waffen
und im Felde sehen lassen. Doch nun wird
es der Ausgang erweisen/ daß Sie gleich=
fals allen demüthigsten und getreuesten
Unterthanen gleicher Gestalt Rosen aus=
theilen kan. Ja wenn ich die Rose selb=
sten abmahlen soll/ welche wir verlangen/
auch von GOtt erbitten sollen/ so werde ich
dem Plinio gewisse Worte abborgen/ damit
Er sich gegen den liebreichen Trajano her=
aus gelassen: NON PACEM, NON
CONCORDIAM, NON SECURITA-
TEM, NON OPES ORAMUS AUT
HONORES, UNUM VOTUM OMNIA
COMPLECTITUR, SALUS PRINCIPIS.

Das

das heist: Ich könte fünff sonderbare Stücke nahmhafftig machen/ damit man eine Rose von fünff Blättern wunderschön bezeichnen würde. Deñ ich könte sprechen: GOtt gebe dem Lande Friede/ GOtt gebe durchgehends Einigkeit und ein respectivè gnädigstes und unterthänigstes Vertrauen/ Gott gebe uns bey der gesamten Nachtbar=schafft Sicherheit/ GOTT lasse das Einkommen des Landes gesegnet seyn/ GOtt lasse einem iedweden nach seinen tapffren Verdiensten geehret und erhoben seyn. Doch alles dieses steckt in den einzigen Rosen=Knopffe zusammen / wenn wir sprechen: GOtt lasse den Printzen leben und gesegnet seyn. Gewiß der Heydnische Plinius hat so nachdencklich geredet/ daß auch ein Christe nichts zu verbessern weiß/ und also will ich nur diejenigen Worte zum Beschluß anführen/ welche der gelehrte Buchnerus an den Welt=berühmten Riesen=Sale angeschrieben hat: TU QVI ASPECTAS, UT NULLA ÆTAS HANC SACRI IMPERII COLUMNAM SUBRUAT, RELIGIOSE APPRECARE.

E 2   Ein

Ein ieder der auch in diesem Prin,tzen die wunderbare Güte Gottes an,sehen kan/ der mag auch mit hertzli,cher Andacht von GOtt bitten/ daß zu keiner Zeit/ und wenn die Welt so lange hinaus stehen soll/ in keinem Seculo nach uns die hohe Seule des heiligen Römischen Reichs deutscher Nation, welche sich in dem Chur-Hause Sachsen befestiget hat/ zerrüttet oder umgeworffen werde.

X.

Einen Glückwunsch an die gesamte unterthänigste Landschafft/
welche
ihren gnädigsten Churfürsten
zur
Vergnügung blühen und wachsen soll/
leget ab
George Ernst von Gersdorff
aus Ober-Laußitz.

Hochgeschätzte Anwesende.

SJe lassen sich meine Ankunfft nicht miß-fallen/ was ich reden will/ das soll in kurtzen

kurtzen Worten bestehen. Denn wo einem gnädigsten Fürsten alles gute gewünschet wird/ da muß man zugleich ein andächtiges Gebet vor die Wolfahrt des Landes ausschütten. War doch Trajanus vorzeiten also gesinnet/ der ließ sich alle Wünsche gefallen/ doch mit der Condition, SI BENE REMPUBLICAM ET EX UTILITATE OMNIUM REXERIT, wenn er es so weit bringen könte/ daß die Wolfahrt der Republiqve und die Nutzbarkeit der gesamten Unterthanen durch einen glücklichen Success beför/dert würde. Als die Könige in Engelland den Streit mit der weissen und rothen Rose glücklich beygeleget/ und diese beyden Blumen also zu reden in ein Schild gebracht hatten/ so trugen sie einen sonderlichen Gefallen daran/ wenn sie das Königliche Wapen mit einen Krantze von weissen und rothen Rosen umgeben solten. Ich will nur dieses Bild zu einem Wunsche dienen lassen. GOtt gebe/ daß der hochlöbliche Landes-Vater allent/halben mit solchen Krantzen umschlossen sey/ das ist/ wo sich getreue Unterthanen beysammen finden/ da verwandle

E 3 sich

sich alles in weiß und rothe Glückse=
ligkeit. Und wofern die weiſſe Farbe
das Bild der Unſchuld/ der Treue/ der
Auffrichtigkeit und unbefleckten Got-
tesfurcht zu führen pfleget / ſo gebe
GOtt im gantzen Lande dergleichen
weiße Roſen. Der Keyſer Tacitus hatte
zu Rom das Glücke/ daß bey ſeiner Wahl
lauter weiße Opffer geſchlachtet wur=
den/ und daß der gantze Rath in weißer
Kleidung erſchien / und da mag dieſen
Monarchen wohl gedeuchtet haben / als
wenn Er einen weißen Roſen=Garten
vor ſich hätte. Nun GOtt helffe/ daß auch
hier bey den Antritt des neuen Landes=
Vaters ein iedweder die weiße Farbe
zur Lieberey mit ſich bringe/ und dergeſtalt
die Tugend des geſamten Volckes zur ho=
hen Vergnügung des Durchlauchtig=
ſten Hauſes etwas contribuiren möge.
So werden hier hoffentlich die rothen
Roſen auch mit untergemiſchet werden.
Die rothe Farbe pfleget ſonſt ein gewiſſes
Merckmahl einer geſunden Natur zu
ſeyn/ indem ſich das lebhaffte Geblüte nicht
ſo gantz verbergen kan. Nun GOtt ge=
be dem gantzen Vaterlande Geſund=
heit

heit und erfreuliches Wesen/ damit auch das Hohe Haupt an dem Wolergehen dieser Gliedmassen erfreuet sey.

Vor funffzig Jahren rühmten sich die unruhigen Catalonier/ so viel Tropffen Bluts in ihrem Leibe wären/ so viel Rubinen wolten Sie der Königlichen Crone beytragen. Und an sich selbst ist es mit unser unterthänigsten Pflicht so bewandt/ daß wir auf den Nothfall mit Gut und Blut bereitwillig seyn/ und also das Opffer einer rothen Rose abstatten wollen. Doch GOtt wolle dem Lande gnädig seyn/ daß wir einen solchen Nothfall nicht erleben: Das von GOTT gestärckte Ober-Haupt lasse sich durch gesunde/ lebhaffte und fröliche Unterthanen bedienen.

Bey den Chinesern ist die Gewohnheit/ daß sie bey der Rosen-Blüte durchgehends frölich seyn/ das also genandte Rosen-Fest halten/ und einander zum Zeichen der Vergnügung an statt des Grusses mit Rosen werffen. Wolan GOtt hat uns eine Rose wieder aufblühen lassen/ die von uns als getreuen Bienen gesuchet wird/ so dann ist kein Zweiffel/ das

Rosen=Fest wird auch im Lande beständig gefeyert und die Wünsche der frölichen Einwohner werden sich in Rosen verwandeln/ und was wir zur Schuldigkeit lieffern sollen/ das werden Rosen seyn.

Zu Rom war der Longius Patroclus gegen seinen Patron so danckbar/ daß Er im Testamente seinen Garten neben seines Wolthäters Grabe darzu vermachte/ daß jährlich von den Einkommen lauter Rosen solten eingekaufft und auff das liebwerthe Grab geschüttet werden. Hier ist alles/ was ein ieder in seinem Vermögen hat/ das soll künfftiger Zeit dazu angewendet werden/ damit nicht allein der abgehende Landes=Vater ein immerwährendes Gedächtnüß/ sondern auch der angehende Landes=Vater einen Rosen=Zinß nach den andern empfangen möge. Und wie etwan der Trajanus nachmahls zu sagen pflegte/ wenn an die Wündsche gedacht ward: NE RESPUBLICA VOTUM INVITA SUSCIPIAT. GOTT möcht ihn doch so glückselig seyn lassen daß Er in allen Wünschen solche Leute vor sich hätte/ die es gerne thäten. Also wird es auch

bey

bey uns heissen: Wir werdens gerne
thun/ wir werden Ursache haben ger=
ne daran zu gedencken/ und nichts
wird ungerne geschehen/ als daß wir
nur einen Augenblick dem Wunsche
sollen schuldig bleiben/ ꝛc.

XI.

Zum Beschlusse præsentiren sich zwey
Knaben
Johann Christian Schönfelder/
und
Carl Wilhelm Nesen/

Und wie GOtt aus dem Munde solcher
Kinder will gelobet und gebeten seyn/ so
lässet man sich dieses als ein gutes Omen
der gnädigen Erhörung dienen. Und hat
man auff Keysers Caroli V. Beylager in
der Müntze/ welche zur damahligen Gratu-
lation geschlagen wurde/ zwey Kinder
mit ausgestreckten Händen abbilden/
und hiedurch den getreuesten Wunsch
der Unterthanen vorstellen dürffen/ so
werden auch bey dieser Vermählung
des neuen Churfürstens mit seinem
gehorsamsten Lande dergleichen Kinder
zum

zum guten Merckmahle mögen angeführet werden:

I. Ach weh! ein Vater stirbt.
II. Gott Lob ein Vater lebt.
I. GOtt nimmt den Fürsten hin.
II. GOtt der den Sohn er=
hebt.
I. Das Land ist hoch betrübt/
II. Und hoffet gute Zeit.
I. Hier ist ein neuer Schmertz/
II. Und neue Sicherheit.
I. Ach nein ich fürchte mich.
II. Mir aber wächst der
Muth.
I. Gott hat das Land gestrafft/
II. Und ist uns wieder gut.
I. Allein Er ist gerecht.
II. Er sieht uns gnädig an.

I. Wir

I. Wir habens nicht verdient/
II. Doch Christus hats gethan.
I. Wolan der Heyland lebt/
II. Dem ist es heimgestellt.
I. Er bringet lauter Trost/
II. So freuet sich die Welt.
I. Der Churfürst schützet uns/
II. Und ist ein Salomon.
I. So blüht das Vaterland/
II. Und die Religion.

I. Was unser Hertz verlangt/
das dringt zu Gott hinein/
II. So kan ein schwaches Kind
im Beten mächtig seyn.
I. Die Eltern gehen uns mit ihrer Andacht vor/

II. Und

II. Und! dieses kleine Volck be=
stellt das andre Chor.
I. In Sachsen küsse sich Fried
und Gerechtigkeit/
II. Ein gutes Regiment erhalte
gute Zeit.
I. Der Hauß= und Kirchen=stand
gedeye wie er soll/
II. Das heist Johañ Georg
der Vierdte lebe wol.

XII.

Endlich tritt ein Discantiste wieder auff/ und
nachdem von weiten gesungen wird:
Ach lieben Christen seyd getrost/
läst er sich mit dieser Arie hören:

I.

SEyd getrost Ihr treuen
Sachsen/
GOtt ist unserm Lande gut/

Denn

Deñ die neuen Cedern wachsen/
Wo der Sturmwind Schaden
thut.
Seht was GOtt verhängen
kan.
Weinet üm Johann Geor-
gen/
Aber seht in allen Sorgen
Auch das neue Labsal an.
II.
Dieser Nahmen ist gesegnet/
Welchen GOTT viermahl
erhebt/
Daß dem Volcke nichts begeg-
net/
Wo Johann George lebt.
GOtt erhöret Uns und Ihn
Er

Er hat seinen Thron betreten
Und will sich auff unser Beten
Als auff einen Trost beziehn.

III.

Denckt in was vor einem Brand-
de
Deutschlands arme Gräntze
steht/
Wie der Christenheit zur
Schande
Manche Stadt zu Grunde
geht.
Aber seht die Gegend an/
Hat sie GOtt nicht wol vertre-
ten/
Daß sie/nicht in wüste Städten
Ihre Trauer halten kan.

IV. Nun

IV.

Nun der neue Churfürst lebe/
Daß des Vatern Helden-
Geist
Doppelt auff dem Haupte
schwebe/
Welches nach dem Vater
heist.
Seine Tugend ist bekant/
Und was andre Völcker loben/
Das erfodert nun die Proben
Vor das treue Vaterland.

V.

Er bekleibe vor den Leuten
Biß auf einen spaten Sohn/
Und erhalt in unsern Zeiten
Herrschafft und Religion.

Alles

Alles steh in neuer Krafft
Von den Edlen in dem Lande/
Von den werthen Bürger-
Stande
Biß zur tieffen Bauerschafft.
VI.
Gottes Hand wird uns verſor-
gen.
Dieſer hats vielleicht bedacht/
Daß er aus Johann Geor-
gen
Einen Friedens = Engel
macht.
Ach! wol uns wenn Er gedeyt,
Alſo wird der Segen wachſen/
Itzo zwar allhier in Sachſen/
Künfftig in der Chriſtenheit.